1. Schuljahr

Geschichten für den Lesestart

Inhalt

Gruselkostüme 4

Robot und Roberta 12

Zwei neue Zimmer 20

Der Zauberhut 28

Ein Freund für Lucy 36

Das beste Geschenk **46**

 Lina und vier Pfoten **56**

Der Glücksbringer **66**

 Piratin über Bord! **76**

Die Schatzsuche **86**

Lösungen **Lesequiz** **96**

Gruselkostüme

„Habt ihr eine tolle Verkleidung
für unser Kostümfest?", fragt Sara.
„Klar", meint Tobi.
„Und du?", fragt Anton.
„Mein Kostüm ist super gruselig",
antwortet Sara.
„Besonders der Umhang."

„Mein Kostüm ist bestimmt viel unheimlicher", lacht Anton. „Ich habe nämlich spitze Ohren."

„Ha", ruft Tobi. „Das ist doch gar nichts! Zu meinem Kostüm gehören zwei spitze Zähne."

Die drei schauen sich neugierig an.
Keiner will sein Kostüm verraten.
Alle lächeln nur geheimnisvoll.
„Dann bis morgen",
verabschiedet sich Tobi.

Am nächsten Tag treffen sich
alle Schüler im Klassenzimmer.
Überall liegen Luftballons und es gibt
Kartoffelsalat und Kuchen.

Sara ist zuerst da.
Ungeduldig schaut sie auf die Uhr.
Wo bleiben Anton und Tobi?
„Buh!", rufen die beiden plötzlich
hinter ihr. Sara fährt herum.

„Ihr seht ja gruselig aus!", ruft sie.
„Und du erst!", erwidert Anton.
Kichernd sehen sie sich an:
drei Vampire mit schwarzen Umhängen,
spitzen Ohren und spitzen Zähnen.

„Und jetzt: eine Runde Blutorangensaft",
grinst Tobi.
„Den haben wir uns verdient:
Wir haben die gruseligsten Kostüme
auf dem Fest."

Lesequiz

1. Wie heißt das Mädchen?

O: Sabine
V: Sara
R: Sandra

2. Was feiern die Kinder in der Klasse?

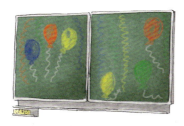

P: Kostümfest
L: Geburtstag
Z: Weihnachten

3. Was gibt es zum Essen?

T: Nudeln und Muffins
L: Würstchen und Schokolade
R: Kartoffelsalat und Kuchen

Lösungswort:

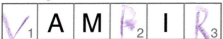
V₁ A M P₂ I R₃

Robot und Roberta

„Was zeichnest du da?", fragt Daria neugierig.
„Einen Roboter", antwortet Robert.
„Ich möchte mir einen eigenen bauen."
„Toll!", staunt Daria.

Als Daria nach Hause gehen muss, zeichnet Robert weiter. Endlich ist sein Plan fertig.

Jetzt braucht er nur noch die Bauteile für den Roboter: leere Konservendosen, Batterien, Draht und vieles mehr.

Drei Tage lang bastelt Robert in jeder freien Minute an seinem Roboter.

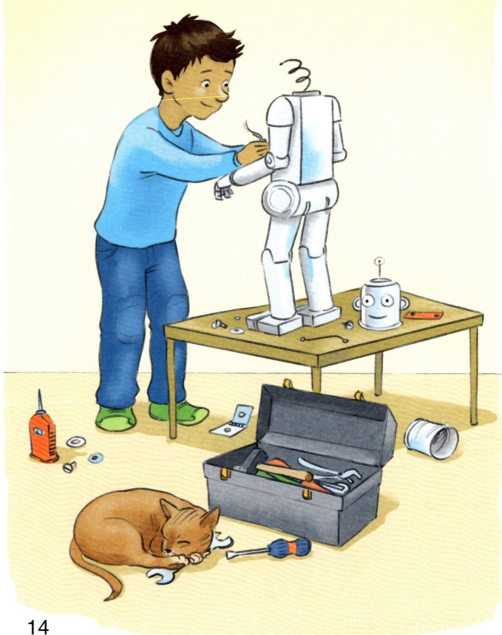

„Fertig!", ruft Robert endlich.
Etwas holprig marschiert
der Roboter los.
Robert freut sich, als der Roboter
sein Zimmer durchquert.

Robert zeigt Daria den Roboter.
„Super!", sagt Daria. „Das ist der beste Roboter, den ich je gesehen habe."

Den ganzen Tag spielen sie
mit dem Roboter.

Am nächsten Tag kommt Daria vorbei.
Aber Robert hat keine Zeit.
„Tschüss, Daria", ruft er.

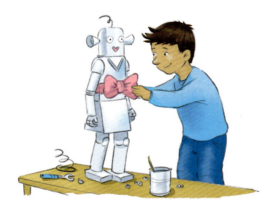

Diesmal geht es schneller als
beim ersten Mal. Nach zwei Tagen
ist der neue Roboter fertig.

Robert hat ein Geschenk für Daria.
Sie bekommt auch einen Roboter.
Daria ist begeistert!
„Jetzt brauchen die beiden Namen",
sagt Robert.
„Robot und Roberta", lacht Daria.

Lesequiz

1. Wie heißt Roberts Freundin?

   O: Dana
   R: Daria
   P: Dalia

2. Wie lange baut Robert an seinem ersten Roboter?

   N: drei Tage
   L: vier Tage
   M: zwei Tage

3. Wie heißen die beiden Roboter?

   T: Rolf und Rosi
   D: Robot und Roberta
   A: Rasmus und Rita

Lösungswort:

E		F	I			E	R
	1			2	3		

Zwei neue Zimmer

Heute ist ein besonderer Abend.
Stine und Mila und Mama und Papa
wohnen jetzt in einem neuen Haus.
Für Stine und Mila ist das ungewohnt:
Jede hat nun ein eigenes Zimmer.

„Ohne dich im Zimmer, kann ich sicher
nicht schlafen", flüstert Stine.
„Du hast doch Hasi", beruhigt Mila sie.
„Und ich bin direkt auf der anderen
Seite vom Flur. Gute Nacht."

Stine krabbelt in ihr Bett. Hier liegen
viele Kuscheltiere und bunte Kissen.
Eigentlich richtig gemütlich.
Aber Stine vermisst ihre Schwester.

Mila zeichnet sicher noch und ist glücklich allein.

Stine kann nicht einschlafen.
Im neuen Haus klingt alles fremd.
Heult da der Wind? Oder ein Gespenst?
Sie muss nachsehen gehen.

Stine zittert
ein bisschen.
Aber sie will mutig sein.
Sie steigt aus dem Bett
und läuft in den dunklen Flur.

„Du bist es!", ruft Stine,
als sie dort gegen Mila stößt.

„Es ist langweilig ohne dich", sagt Mila.
„Darf ich bei dir schlafen?"

„Natürlich!" Stine nimmt
Milas Hand und
läuft zurück
in ihr Zimmer.

Gemeinsam
kuscheln sie sich in Stines Bett.
„Und morgen schlafe ich bei dir",
sagt Stine.
Dann fallen ihnen
die Augen zu.

Lesequiz

1. **Wie heißen die beiden Schwestern?**

    L: Susi und Maja
    P: Stine und Mila
    N: Sofie und Marie

2. **Wo wohnen die Schwestern nun?**

    E: im neuen Haus
    M: im neuen Schloss
    K: im neuen Zelt

3. **Wo treffen sich die Schwestern?**

    P: im Badezimmer
    S: im Flur
    M: im Garten

Lösungswort:

| G | E | S | 1 | 2 | N | 3 | T |

Der Zauberhut

Merlin hat einen neuen Hut:
ganz spitz mit goldenen Sternen
auf rotem Samt. Glücklich wandert
der Zauberer die Straße entlang.
Da weht plötzlich ein heftiger Wind.

Der Wind fegt den Hut über den Zaun.
„Halt!", ruft Merlin.
So ein Pech! Der Garten gehört
der Hexe Eisenzahn.
Alle gruseln sich vor ihr.
Eisenzahn hat immer schlechte Laune.

„Und jetzt?", stöhnt Merlin.
Soll er den Hut zurücklassen?
Da bekommt er selber schlechte Laune.

Also klettert er mürrisch über den Zaun.

Doch kurz darauf hängt Merlin fest.
Er zappelt und windet sich.
„Blöder Zaun!", schimpft er wütend.

Plötzlich hört er lautes Lachen.
Vor ihm steht Eisenzahn!

„Was machst du da?", kichert Eisenzahn.
„Ich hole meinen Hut", brummt Merlin.
„Bist du zerzaust!", lacht die Hexe.
„So etwas Lustiges habe ich
ewig nicht mehr gesehen."

„Ist das gut?", fragt Merlin vorsichtig.
„Sehr gut sogar", antwortet Eisenzahn.
Sie befreit Merlin und
reicht ihm seinen Hut.

„Möchtest du Schokolade mit Himbeeren?", fragt Eisenzahn.
„Als Dankeschön. Denn du hast mich zum Lachen gebracht."
„Gern", antwortet Merlin.
Was für ein Glück: Er hat nicht nur seinen Hut zurück, sondern auch eine neue Freundin gefunden.

Lesequiz

1. **Welche Farbe hat Merlins Hut?**

   Z: rot mit goldenen Sternen
   P: rot mit silbernen Sternen
   I: gelb mit blauen Sternen

2. **Wie heißt die Hexe?**

   K: Eisenbauch
   B: Eisenzahn
   W: Eisenfuß

3. **Was bietet die Hexe Merlin an?**

   U: Schokolade mit Erdbeeren
   H: Schokolade mit Himbeeren
   T: Schokolade mit Vanillesoße

Lösungswort:

Ein Freund für Lucy

„Hallo! Wie geht es dir?",
fragt das Drachenmädchen Lucy.
Neugierig kommt das Pony näher
und beschnuppert sie.

Lucy schnuppert aufgeregt zurück.
Dabei kommen Rauchwolken
aus ihrer Nase.

Erschrocken
galoppiert das
Pony davon.
Wie schade!
Lucy schaut
ihm traurig
hinterher.

Lucy wünscht sich so sehr
einen Freund.

Sie kann nicht verstehen, dass die
meisten Tiere Angst vor ihr haben.
Dabei ist sie der freundlichste
Drache der Welt.

Nachdenklich pustet Lucy
einen Feuerstrahl in die Luft.

„KLAPP! KLAPP! KLAPP!"
Empört klappert ein Storch mit seinem
Schnabel und fliegt eilig davon.
Fast hätte das Feuer seine Federn
getroffen.

„Oh! Ich habe dich nicht gesehen",
entschuldigt Lucy sich.
Doch der Storch ist schon weg.
Traurig setzt Lucy sich auf einen Felsen,
der von der Sonne ganz warm ist.

„Angenehm, nicht wahr?",
fragt plötzlich eine Stimme.
Überrascht reißt Lucy die Augen auf.
Neben ihr sitzt ein unbekanntes Wesen.
Es sieht fast so aus wie ein …

„Bist du etwa auch ein Drache?",
fragt Lucy.

„Nicht ganz",
antwortet das Wesen.
„Ich bin ein Leguan
und heiße Luis."

Luis hat keine Angst, als Lucy vor Freude Feuer spuckt.
Er mag es, wenn es richtig schön heiß ist.
Genau wie Lucy!

Den Rest des Tages verbringen Lucy und Luis auf dem Felsen.

Sie haben sich viel zu erzählen!

Als es Abend wird,
schläft Lucy glücklich ein:
Mit Luis hat sie endlich einen
Freund gefunden!

Lesequiz

1. **Wen trifft Lucy zuerst?**

   K: Storch
   F: Pony
   U: Leguan

2. **Was kann Lucy?**

   U: Feuer spucken
   H: Wasser spucken
   O: Seifenblasen machen

3. **Was für ein Tier ist Luis?**

   R: Blindschleiche
   Y: Eidechse
   E: Leguan

Lösungswort:

1	2	3
E		R

Das beste Geschenk

Max schaut in den Sternenhimmel.
Er bleibt heute lange auf, denn er hat
Geburtstag.

Max denkt an seine Geschenke. Lauter tolle Sachen. Nur eines findet er schade: Das Teleskop, das er sich so sehr gewünscht hat, gab es nicht.
„Das Geld hat leider nicht gereicht", hat Mama gesagt. „Aber Weihnachten klappt es bestimmt."

Max seufzt.
Jetzt im August kann man besonders
viele Sternschnuppen sehen.
Wenn man eine Sternschnuppe sieht,
darf man sich etwas wünschen,
denkt Max.
Wie gern hätte er ein Teleskop!

Er schaut auf die Armbanduhr.
„Noch 3 Stunden und 12 Minuten", sagt er.

„Und was dann?", fragt jemand.
Max zuckt zusammen.
Neben ihm steht ein seltsames Wesen.

„So lange habe ich noch Geburtstag",
antwortet Max und fragt:
„Und wer bist du?"
Das Wesen grinst.
„Ich heiße Altobi. Schau mal hier durch.
Dann siehst du, woher ich komme."

Altobi reicht Max eine Kugel.
Verwundert schaut Max
durch das kleine Fenster darin.
„Was für ein tolles Teleskop!", staunt er.

Max schaut und
schaut.
Er entdeckt
ferne Sterne
und neue
Planeten.

Und ganz in der Nähe eine rote Rakete.
„Das ist meine", erklärt Altobi.
„Ich komme nämlich vom Stern Alpha B3.
Und jetzt muss ich los."
„Oh", sagt Max traurig und
gibt Altobi die Kugel zurück.

Altobi schüttelt den Kopf.
„Das ist ein Geschenk.
Du hast ja noch Geburtstag."

Max winkt Altobi und schaut durch die Kugel, bis die Rakete nur noch ein kleiner roter Punkt ist. Manchmal werden Wünsche tatsächlich wahr.

Lesequiz

1. **Was hat Max sich zum Geburtstag gewünscht?**

   Y: Telefon
   S: Teleskop
   U: Tasche

2. **Welche Form hat das Teleskop von Altobi?**

   O: Kugel
   K: Würfel
   E: Pyramide

3. **Welche Farbe hat Altobis Rakete?**

   E: gelb
   A: rot
   H: grün

Lösungswort:

Lina und vier Pfoten

„Hurra! Ich bekomme einen Hund!",
brüllt Lina ins Telefon. „Endlich
haben Mama und Papa es erlaubt."
„Wie schön!", freut sich Oma.
„Und was für einen Hund?"

Das weiß Lina noch gar nicht.
Sie verabschiedet sich
von Oma und läuft
nach draußen.

Gleich an der Straßenecke
entdeckt sie einen Hund.
Er ist fast so groß wie Lina.

„Darf ich mal die Leine halten?",
fragt Lina.

Doch als sie nach links laufen will,
zieht der Hund nach rechts.
Und Lina muss mit!

Schnell gibt Lina die Leine zurück.
Sie läuft weiter zum Park.
Dort entdeckt sie den nächsten Hund.
Er hat wunderschönes braunes Fell
und schwarze Augen.

„Komm mal her", lockt Lina ihn zu sich.
Der Hund lässt seinen Ball fallen
und rast auf Lina zu.

Lina springt schnell zur Seite.
Der Hund rennt an ihr vorbei
bis ans andere Ende
der Wiese.

Einen großen Hund möchte Lina nicht.
Und einen so wilden Hund auch nicht.
Aber woher soll sie wissen, welcher
Hund am besten zu ihr passt?
Nachdenklich geht sie nach Hause.

Als Lina am nächsten Tag aus der Schule kommt, steht Omas Auto vor dem Haus.

„Ich habe dir jemanden mitgebracht", sagt Oma geheimnisvoll.
Ein kleiner Welpe schaut hinter Omas Beinen hervor.

„Der ist ja süß", ruft Lina.
„Die Hündin meiner Nachbarn hat
Junge bekommen", erklärt Oma.
„Boy ist der jüngste von allen.
Ich dachte, er könnte dir gefallen."

„Und wie!", ruft Lina. Begeistert schließt sie Boy in die Arme. Boy schleckt ihr zärtlich über die Nase. „Was meinst du, Boy? Gefalle ich dir auch?"
„Wuff!", antwortet Boy und alle lachen.

Lesequiz

1. **Wie ist der erste Hund?**

   E: sehr klein
   P: sehr groß
   T: sehr dick

2. **Wohin geht Lina?**

   O: in den Park
   H: in den Zoo
   K: ins Schwimmbad

3. **Wie heißt der Welpe?**

   A: Bo
   T: Boy
   H: Ben

Lösungswort:

| 1 F | 2 | 3 E |

Der Glücksbringer

„Aus dem Weg!", schreit Ole.
Er breitet die Arme aus und düst
wie ein Flugzeug an Linus vorbei.
Oles Zwillingsbruder Malte
rast hinterher. Im Vorbeirennen
rempeln sie Linus an.

„He!", ruft Linus, aber das hören
die Zwillinge gar nicht.
„Die nerven!", sagt Mona.
Sie wohnt neben Linus.
Linus nickt.
„Sie behandeln mich wie Luft."

„Schau mal", sagt Mona und holt
ein pinkes Pferdchen aus ihrer Tasche.
„Das ist mein Glücksbringer.
Er schenkt mir Mut. Ich glaube,
du brauchst auch so einen."

„Gute Idee", meint Linus.
Aber ein pinkes
Pferd passt
nicht zu ihm.

Zu Hause kramt er
in seinen Sachen.
Doch er findet keinen
Glücksbringer.

„Was suchst du denn?", fragt Papa.
Linus erzählt ihm
von dem Glücksbringer
und warum er ihn braucht.

„Da habe ich etwas für dich",
sagt Papa und wühlt
in seiner Kiste.

Er drückt Linus einen kleinen Ritter in die Hand. Der Ritter ist schwarz, hat eine rote Feder am Helm und ein silbernes Schwert in der Hand.

„Ich wurde früher auch manchmal geärgert", erzählt Papa.
„Bis ich den Ritter bekommen habe. Jetzt schenke ich ihn dir."
Linus strahlt. Der Ritter ist genau richtig!

Am nächsten Morgen probiert Linus
den Glücksbringer gleich aus.

Wie immer drängeln sich die Zwillinge
an der Bushaltestelle vor.

„Stopp!", ruft Linus. „Ich war zuerst hier."
Ole und Malte schauen sich verdutzt an.
„Entschuldigung", murmelt Ole.
Und Malte macht Platz für Linus.
Linus freut sich – den Ritter hält er fest in der Hand.

Lesequiz

1. **Wer ärgert Linus?**

    W: Ole und Malte
    J: Olaf und Maik
    L: Ortwin und Malu

2. **Was für einen Glücksbringer hat Mona?**

    E: pinkes Pferdchen
    H: gelbes Häschen
    J: grünes Kleeblatt

3. **Was schenkt Papa Linus?**

    I: Dinosaurier
    R: Ritter
    S: Feuerwehrmann

Lösungswort:

| S | C | H | ₁ | ₂ | ₃ | T |

Piratin über Bord!

Piratin Elsa schaut über das Meer.
Es gibt so viel zu entdecken:
fliegende Fische, spielende Delfine
und in der Ferne eine Insel mit Palmen.

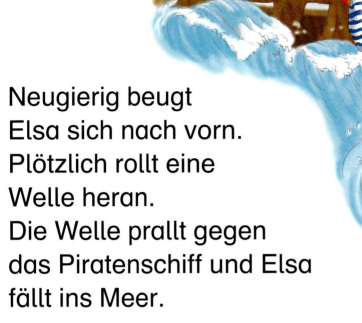

Neugierig beugt
Elsa sich nach vorn.
Plötzlich rollt eine
Welle heran.
Die Welle prallt gegen
das Piratenschiff und Elsa
fällt ins Meer.

„Hilfe!"
Elsa klammert sich an einen Ast,
der im Wasser treibt.

Doch die zwei anderen Piraten hören
Elsa nicht und segeln weiter.

Elsa bekommt einen Schreck:
Was berührt da ihr Bein? Ein Hai?

Neben ihr taucht eine Schildkröte auf. „Steig auf", sagt die Schildkröte freundlich. „Ich bringe dich zur Insel."

Die Reise zur Insel vergeht schnell. Unterwegs betrachtet Elsa die vielen bunten Fische, die im glasklaren Wasser schwimmen.

„Ich möchte dir zum Dank
etwas schenken", sagt Elsa,
als sie die Insel erreichen.
„Leider sind meine Sachen
auf dem Schiff. Und das ist weg."

„Dreh dich mal um", erwidert
die Schildkröte schmunzelnd.
Elsa staunt: Da ist ja ihr Schiff!

„Ahoi, Elsa!",
rufen die Piraten.
Glücklich
fallen sich
Elsa und
ihre Freunde
um den Hals.

Schnell klettert Elsa auf das
Piratenschiff und holt ihren
schönsten Piratenhut von Bord.

„Danke!", sagt die Schildkröte
und probiert den Hut gleich auf.
Und dann feiern alle
Elsas Rettung!

Lesequiz

1. Wie heißt die kleine Piratin?

    T: Else
    O: Elsa
    B: Ella

2. Wie viele Piraten segeln auf dem Schiff davon?

    Z: zwei
    Q: vier
    E: zehn

3. Was bekommt die Schildkröte geschenkt?

    U: Augenklappe
    L: Seestern
    E: Piratenhut

Lösungswort:

H	L	B	I	N
	1	2	3	

Die Schatzsuche

Heute ist ein besonderer Tag.
Der König hat einen Schatz versteckt.
Den dürfen alle Ritter suchen und
unter sich aufteilen.
„Ich werde den Schatz finden", nimmt
Kasimir sich vor.

Aber oje! Er hat verschlafen!
Schnell springt Kasimir aus dem Bett.
Dabei stößt er gegen seinen Ritterhelm.

„Ach, typisch!", seufzt Kasimir und
ärgert sich über die Delle im Helm.

Jetzt ist es schon ziemlich spät.
Kasimir beeilt sich. Er will
unbedingt zur Schatzsuche.
Schnell zieht er sich an.

Da hört er das Klappern von Hufen.
Die Schatzsuche geht los!
Sein Frühstück muss
also ausfallen.

Kasimir läuft in den Burghof.
Doch dort ist niemand mehr.
Also rennt er in den Stall.
Aber auch die Pferde sind schon weg.
Nur ein Esel steht noch da.
So ein Pech!

Mit knurrendem Magen steigt Kasimir auf den Esel und reitet in den Wald. Nach einiger Zeit hört er lautes Gebrüll. Die anderen Ritter reiten ihm entgegen.

„Der Schatz ist verloren!",
jammern die Ritter.
„Ein Drache hat ihn geklaut."

Kasimir will auch umkehren,
aber sein Esel trabt weiter.
Direkt auf den Drachen zu!

Kasimir schluckt ängstlich. Der Drache bewacht die Schatztruhe!

Doch als er Kasimir sieht, lacht der Drache los.

„Bist du ein lustiger Ritter!", kichert er. „Mit verbeultem Helm. Auf einem Esel!"

Jetzt muss auch Kasimir lachen.
Und dazu knurrt sein Magen.
„Der knurrt ja lauter als ich brülle",
ruft der Drache.
„Aber keine Sorge. Ich habe etwas
für uns. Schau mal in die Truhe!"

Kasimir ist begeistert: So viel Schokolade!

„Danke, lieber Drache, das war lecker!", ruft Kasimir. Den Rest packt er für die anderen Ritter ein. Er kann es kaum erwarten, den Schatz mit ihnen zu teilen. „Bis bald!", verabschiedet er sich von seinem neuen Freund.

Lesequiz

1. Was veranstaltet der König?

C: Schatzsuche
B: Sportfest
A: Wettrennen

2. Worauf reitet Kasimir?

A: Esel
Q: Pferd
T: Schildkröte

3. Was ist in der Truhe?

O: Bananen
L: Bonbons
Z: Schokolade

Lösungswort:

S	H	T
1	2	3

Lösungen **Lesequiz**

Seite 11: VAMPIR
Seite 19: ERFINDER
Seite 27: GESPENST
Seite 35: ZAUBERHUT
Seite 45: FEUER
Seite 55: ASTRONAUT
Seite 65: PFOTE
Seite 75: SCHWERT
Seite 85: HOLZBEIN
Seite 95: SCHATZ

© Schwager & Steinlein Verlag GmbH
Emil-Hoffmann-Str. 1, D-50996 Köln
Geschichten: Lena Steinfeld
Illustrationen: Sonja Rörig, Stefan Richter
Umschlagillustration: Sonja Rörig
Redaktion: Esther Görgen
Gesamtherstellung: Schwager & Steinlein Verlag GmbH
Alle Rechte vorbehalten
www.schwager-steinlein-verlag.de